A A A A A A A

a a a a a a

A

a

Aa Aa Aa Aa Aa

B B B B B B

b b b b b b

B

b

B b B b B b B b

C C C C C C

C C C C C C

C

C

Cc Cc Cc Cc Cc Cc

D D D D D D

d d d d d d

D

d

D d D d D d D d

E E E E E E

e e e e e e

E

e

Ee Ee Ee Ee Ee Ee

F F F F F F

f f f f f f

F

f

f F f F f F f F f F f F

G

G G G G G G

g g g g g g

G

g

G g G g G g G g G g G g

H H H H H H H H H

h h h h h h

H

h

Hh Hh Hh Hh Hh Hh Hh Hh

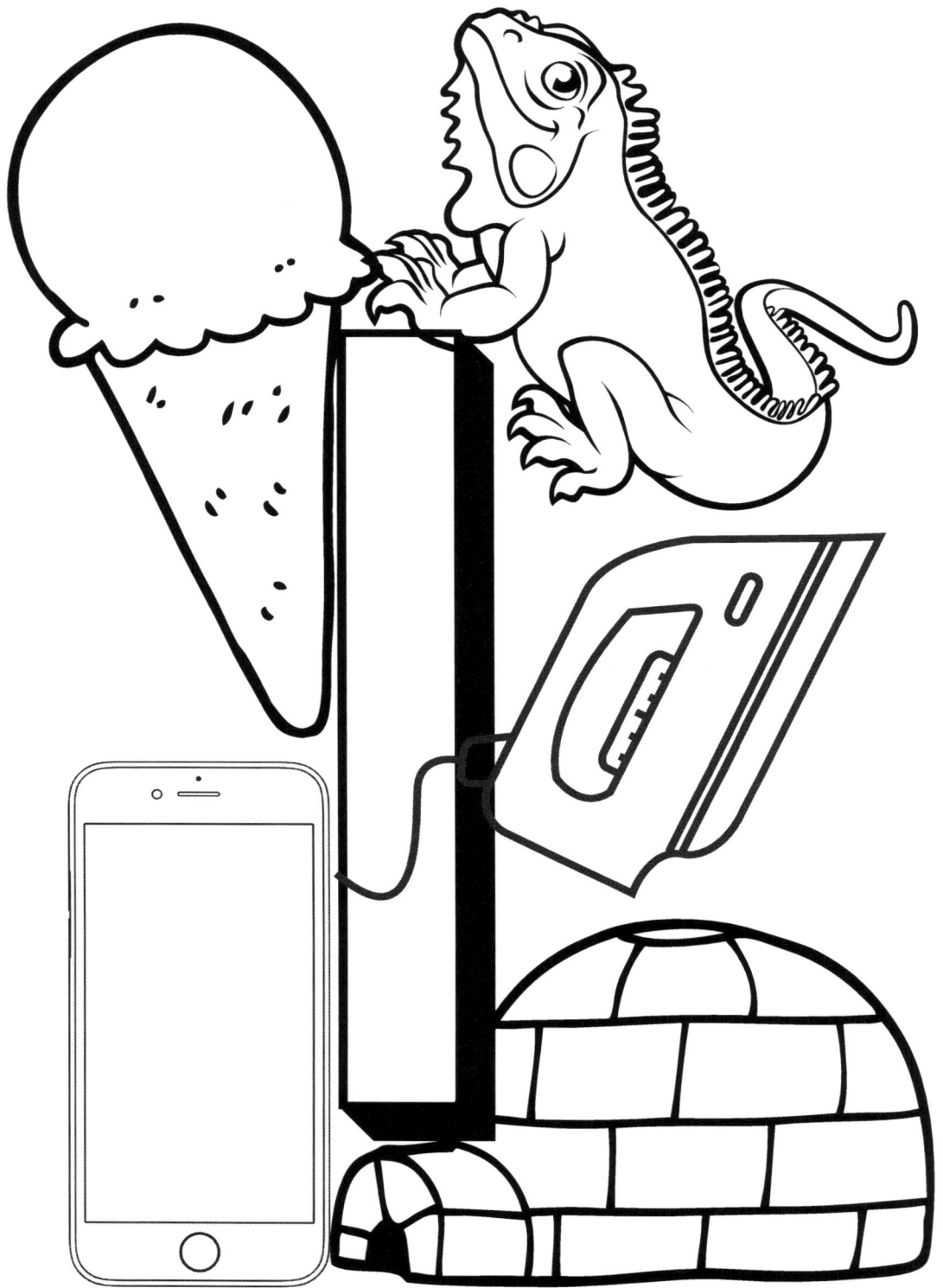

I I I I I I

I I I I I I

I

i

ÏÏ ÏÏ ÏÏ ÏÏ ÏÏ ÏÏ ÏÏ ÏÏ

J J J J J J

j j j j j j

J

j

J j J j J j J j J j J j

K K K K K K

K K K K K K

K

k

K k K K k K k K k K K k

M M M M M M M M M

m m m m m m m m m

M

m

M m M m M m M m M m

NNNNNN

nnnnnn

N

n

NnNnNnNnNnNn

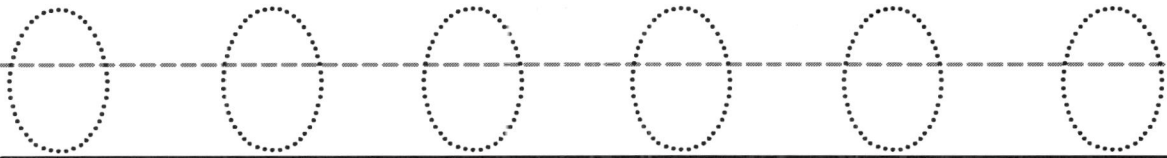

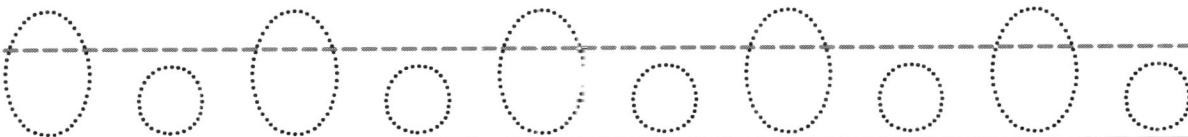

P P P P P P

p p p p p p

P

p

Pp Pp Pp Pp Pp Pp

Q

QUIZ

Q Q Q Q Q Q

q q q q q q

Q

q

Q q Q q Q q Q q Q q

R R R R R R

r r r r r r

R

r

Rr Rr Rr Rr Rr

S S S S S S

s s s s s s

S

s

SsSsSsSsSsSs

U U U U U U

U U U U U U

U

U

U U U U U U U U U

V V V V V V

V V V V V V

V

V

V V V V V V V V V V

WWWWWWWWW

WWWWWW

W

W

WWWWWW

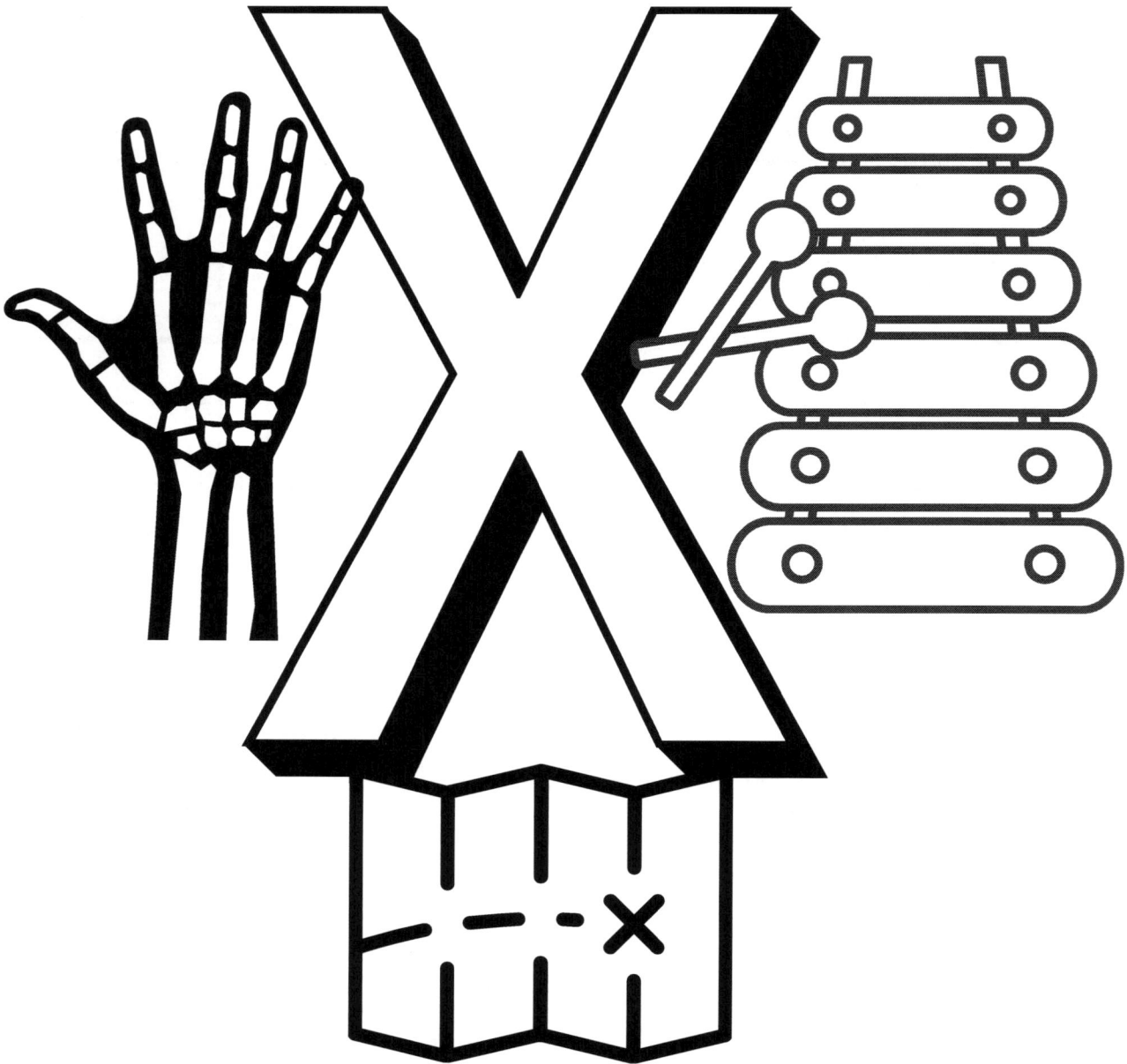

X X X X X X

X X X X X X

X

X

X x X x X x X x X x X x

YOGURT!

Y Y Y Y Y Y

Y Y Y Y Y Y

Y

Y

Y Y Y Y Y Y Y Y Y Y Y Y

Z Z Z Z Z Z

Z Z Z Z Z Z

Z

Z

Z Z Z Z Z Z Z Z Z Z

Made in the USA
Las Vegas, NV
09 April 2022